AF441900